LA GUERRE IRAN-IRAK

Saddam Hussein et le rôle controversé des États-Unis

Par Corentin de Favereau

50MINUTES.fr

LA GUERRE IRAN-IRAK

INTRODUCTION

S'inscrivant dans une lutte plusieurs fois millénaire entre l'Iran et l'Irak, la guerre de 1980-1988 (connue en Iran sous le nom de « Défense sacrée ») est l'un des conflits les plus meurtriers depuis 1945, mais aussi le plus long.

Alors que le président Saddam Hussein souhaite faire de sa république d'Irak une puissance incontournable de la région, l'ayatollah Ruhollah Mousavi Khomeini, quant à lui, projette d'exporter sa révolution islamique au-delà des frontières iraniennes et de l'étendre aux Irakiens. Prenant pour prétexte les multiples provocations autour de leur zone frontalière, Saddam Hussein lance ses troupes à la conquête du Chatt al-Arab (fleuve du Proche-Orient) et proclame sa domination complète sur ce secteur le 22 septembre 1980. S'enclenche alors une guerre que l'on espère éclair, mais qui s'enlise rapidement et prend les traits d'une guerre d'usure. C'est ainsi qu'après huit années de combats acharnés et au prix de plusieurs centaines milliers de morts de part et d'autre, aucune de ces deux grandes puissances du Golfe ne peut prétendre à la victoire. Toutefois, ce conflit pour le moins absurde à bien des égards, générant un épouvantable bain de sang et aboutissant à une situation économique désastreuse pour les deux pays belligérants, permet de renforcer l'emprise des deux hommes sur leur pays respectif et d'en assurer le pouvoir.

Bon à savoir

Un ayatollah (« signe de Dieu ») est un titre honorifique décerné aux plus hauts dignitaires chiites. Les ayatollahs sont considérés comme des experts de l'islam. Ils enseignent dans les écoles islamiques et se revendiquent comme descendants du prophète Mahomet (570-632) par son gendre, Ali (Ier siècle apr. J.-C.).

DONNÉES-CLÉS

- **Quand ?** Du 22 septembre 1980 au 20 août 1988
- **Où ?** En Iran et en Irak
- **Contexte ?** La révolution islamique en Iran et la politique d'expansion territoriale de l'Irak
- **Belligérants ?** La République islamique d'Iran contre la république d'Irak
- **Acteurs principaux ?**
  - Ruhollah Mousavi Khomeini, guide suprême de la république islamique d'Iran (1902-1989)
  - Saddam Hussein, président de l'Irak (1937-2006)
- **Issue ?** Statu quo
- **Victimes ?** :
  - Camp iranien : entre 220 000 et 400 000 morts
  - Camp irakien : entre 200 000 et 500 000 morts

CONTEXTE POLITIQUE ET SOCIAL

LA RIVIÈRE DES ARABES

Le 22 septembre 1980, Saddam Hussein déclare la guerre à l'Iran en invoquant le désaccord d'ordre territorial qui gangrène les relations des deux voisins depuis plusieurs années. Pour lui, il s'agit de faire valoir ses droits sur des terres légitimement irakiennes, mais amputées cinq ans auparavant par un traité avec l'Iran.

À la suite de la Première Guerre mondiale (1914-1918) et de la dislocation de l'Empire ottoman (1922) qui s'étendait alors sur une grande partie du Moyen-Orient, les frontières de la région sont entièrement redessinées suivant les intérêts des puissances occidentales victorieuses, à savoir la France et l'Angleterre. Or, tout au long du XXe siècle, ce découpage artificiel fait l'objet de nombreuses remises en question. Dans le Golfe, l'accord d'Alger de 1975 – par lequel l'Iran cesse d'apporter son aide militaire aux Kurdes irakiens en échange de la reconnaissance par l'Irak des frontières du fleuve Chatt al-Arab – est censé mettre fin aux tensions territoriales qui animent les deux pays. Or, l'enjeu autour du Chatt al-Arab, littéralement « rivière des Arabes », est considérable parce qu'il relie les zones pétrolières des deux pays. Ainsi, malgré l'accord passé entre les deux voisins, l'importance stratégique de cette zone ne manque pas d'entraîner de nombreuses provocations et confrontations jusqu'au rejet du traité par Saddam Hussein le 17 septembre 1980 et la conquête des territoires litigieux cinq jours plus tard.

LE SAVIEZ-VOUS ?

Les Kurdes sont les membres d'un groupe ethnique de langue propre et de confession principalement sunnite qui occupe les montagnes Zagros et Taurus du Sud-Est de la Turquie, du Nord-Ouest de l'Iran, du Nord de l'Irak et des territoires adjacents de Syrie et de Nakhichevan (république autonome de l'Azerbaïdjan). Malgré cet éclatement au sein de différents pays, un certain nationalisme kurde se manifeste dès la fin du XIXe siècle afin de créer un État indépendant, le Kurdistan. Lorsque la guerre éclate, les Kurdes d'Irak représentent près de 19 % de la population globale. Malgré cette forte représentation, le régime de Saddam Hussein est toujours resté ignorant par rapport aux revendications kurdes renforçant, dès lors, leur volonté d'autonomie.

UNE POUDRIÈRE IDÉOLOGIQUE

Outre les tensions territoriales qui les divisent, l'Iran et l'Irak s'opposent également sur le plan idéologique. La guerre est effectivement déclenchée dans le contexte de l'opposition des chiites d'Irak, soutenus par l'Iran, au régime de Saddam Hussein. Ce soutien fait craindre à ce dernier une contagion à son pays de la révolution islamique survenue l'année précédente en Iran.

Depuis de nombreux mois, l'Iran fait face à un soulèvement populaire animé depuis la France par l'ayatollah Ruhollah Mousavi Khomeini qui s'y trouve en exil. Le peuple proteste contre le régime toujours plus autoritaire du *chah* (titre porté par les empereurs iraniens) et de sa modernisation « à l'occidentale » forcée, appelée « révolution blanche » (1963). Ainsi, le 16 janvier 1979, la pression devenant trop forte, le *chah* décide de quitter l'Iran pour se réfugier aux États-Unis. Quatre jours plus tard, Ruhollah Mousavi Khomeini, fort de son large soutien populaire, rentre triomphalement à Téhéran. Après s'être assuré de la neutralité des forces armées, l'ayatollah déclare la fin de la monarchie le 11 février et met en place un gouvernement provisoire. Le clergé fondamentaliste, opérant sous le nom de « Gardiens de la révolution », organise alors la prise de contrôle systématique des postes clefs de l'administration et procède à l'élimination de figures de l'ancien régime et d'opposants de tous bords. Finalement, à l'issue d'un référendum organisé le 1er avril 1979, une république islamique est instaurée, à la tête de laquelle Ruhollah Mousavi Khomeini devient le guide suprême.

Or, rapidement, celui-ci exprime son ambition d'exporter sa révolution islamique et pense être investi de la mission sacrée de réunir tous les chiites autour de l'Iran suite à une réforme radicale et fondamentaliste des régimes en place. Pour faciliter son entreprise, l'ayatollah compte en outre capitaliser sur le sentiment religieux anti-arabe et anti-irakien enraciné depuis des millénaires chez les Perses. Ainsi, pour l'Irak qui compte une majorité d'Arabes chiites, la menace est désormais bel et bien réelle.

Le saviez-vous ?

La Perse est le nom donné à l'Iran jusqu'en 1934, progressivement abandonné depuis l'avènement de la dynastie Pahlavi en 1925. À l'origine, les Perses sont un peuple du sud-ouest de l'Iran. Ceux-ci donneront naissance à deux vastes empires : les Achéménides, du VIe siècle au IVe siècle avant J.-C., et les Sassanides, du IIIe au VIIe siècle apr. J.-C. Aujourd'hui encore, les Iraniens parlent le persan et sont imprégnés par une culture persane propre, forgée à travers les tumultes de sa longue histoire.

L'Islam est divisé en deux grands courants :

- le sunnisme d'une part, qui regroupe plus de 80 % des musulmans dans le monde ;
- et le chiisme d'autre part, qui compte environ 10-15 % de ceux-ci, dont 90 % de la population iranienne.

Les chiites se définissent comme le *chi'at 'Ali* (c'est-à-dire le « parti de Ali »). Ils attribuent à Ali un rôle proche de celui du prophète. Selon eux, ce dernier et ses descendants directs, les imams et l'ayatollah, sont les seuls capables d'endosser la direction spirituelle de la communauté. Ainsi, si les sunnites accordent comme seule fonction aux imams la direction de la prière commune, pour les chiites, ces derniers sont considérés comme les uniques garants de l'autorité spirituelle et temporelle.

En outre, ces deux courants se distinguent par leur approche des textes sacrés. En effet, les sunnites, outre leur interprétation classique du Coran comme pilier de leur doctrine, prennent en compte la Sunna, qui représente la ligne de conduite de Mahomet.

Cependant, au niveau idéologique, l'Irak n'est pas en reste. Dans un même esprit d'universalité, Saddam Hussein entend arabiser l'ensemble du Golfe, prôner l'unité sans frontière d'un monde arabe moderne et le défendre contre le radicalisme religieux de l'ennemi héréditaire perse. Ainsi, lors de ses discours, il place son combat dans la continuité de l'hégire, conquête au cours de laquelle les Arabes, en battant les Perses, ont réussi à leur imposer l'islam. De cette façon, il ne manque pas de rappeler la légitimité des Irakiens sur l'islam au détriment des Iraniens, perses, qui n'ont été convertis que par après.

Les Arabes sont un ensemble de populations très différentes réunies autour de traits homogènes tels qu'une culture et une langue commune (l'arabe), une conscience identitaire arabe ou encore une histoire partagée. Originaires de la péninsule arabique, ces derniers regroupent aujourd'hui l'ensemble des peuples arabisés au cours des siècles vivant dans les 22 États membres de la Ligue arabe, qui s'étend d'Oman (État d'Asie occidentale) à la

Mauritanie. Une des caractéristiques remarquables du monde arabe est son acceptation d'une certaine hétérogénéité et son respect des particularismes. De ce fait, même si la très grande majorité des Arabes sont sunnites, certains peuples arabes sont chiites (c'est le cas en Irak) ou même chrétiens.

Par conséquent, les tensions qui règnent entre les deux voisins prennent une dimension religieuse certaine, l'un souhaitant la renaissance de l'arabisme et l'autre de l'islamisme.

DEVENIR LA PREMIÈRE PUISSANCE DU GOLFE

Enfin, sous couvert de ces conflits idéologico-culturels complexes, les deux nations se sont également livrées cette guerre sans merci pour des raisons d'une incroyable banalité au regard de l'histoire : l'argent et le pouvoir. Saddam Hussein et l'ayatollah Ruhollah Mousavi Khomeini sont en effet assis sur des réserves gigantesques d'un pétrole de bonne qualité et extrêmement facile à extraire. À l'époque, les deux pays produisent à eux seuls 10 % du pétrole mondial. Ainsi, celui qui maîtrisera la production de l'or noir du Golfe se verra doté d'un pouvoir immense, capable d'influencer le cours de l'économie mondiale.

Dans le chef de Saddam Hussein, ce pétrole lui permettrait d'inscrire l'Irak dans le concert des puissants. Dans un équilibre régional arabe troublé par l'implication de la Syrie dans la guerre civile au Liban et par l'écartement diplomatique de l'Égypte faisant suite à sa reconnaissance d'Israël en 1979, Saddam Hussein espère, en effet, pouvoir profiter d'un succès contre l'Iran pour se hisser au sommet des puissances arabes. De l'autre côté du Chatt-el-Arab, l'argent du pétrole pourra servir aux campagnes de propagation de la révolution islamique de l'ayatollah Ruhollah Mousavi Khomeini.

ACTEURS PRINCIPAUX

RUHOLLAH MUSAVI KHOMEINI, GUIDE SUPRÊME DE LA RÉPUBLIQUE ISLAMIQUE D'IRAN

Né à Khomein (ville iranienne) en septembre 1902, Ruhollah Musavi Khomeini entame rapidement une formation en théologie dispensée par le professeur Abdul Karim Hairi-Yazdi (1859-1937) à Arak. Lorsqu'en 1922, celui-ci part enseigner à Qom, Ruhollah Musavi Khomeini décide de le suivre. Trois ans plus tard, il obtient son diplôme de gradué de Sharia, éthique et philosophie spirituelle.

Devenu professeur de théologie, il accède au titre d'ayatollah au cours des années cinquante. À cette époque, il adopte une position de plus en plus opposée au régime du *chah* et proteste contre la révolution blanche visant à moderniser la société iranienne. Cette contestation lui vaut d'être emprisonné en 1963. L'année suivante, après sa libération provoquée par la pression de la rue et du clergé, il reprend son activisme contre le régime et doit fuir en Turquie puis en Irak où il se radicalise davantage encore. D'abord toléré, son combat devient trop pro-chiite, si bien que Saddam Hussein décide d'expulser Ruhollah Musavi Khomeini, qui s'installe à Neauphle-le-Château, en France, en 1978.

L'exil renforce paradoxalement son influence. Ses allocutions enregistrées sur cassette lui permettent de toucher plus directement la population et ainsi de mener sa révolution à distance. La pression populaire des opposants étant devenue trop forte, le *chah* quitte l'Iran en janvier 1979 et laisse ainsi la place à Ruhollah Musavi Khomeini, qui opère un retour triomphal à Téhéran quelques jours plus tard. Ce dernier procède alors à un référendum pour l'élection d'un Premier ministre et annonce la fondation de la république islamique d'Iran le 1ᵉʳ avril. Il est ensuite nommé guide suprême.

Le 4 novembre 1979, des étudiants islamiques prennent en otage 52 diplomates américains afin d'obtenir l'extradition du *chah* alors à Washington. Cette attaque, soutenue par l'ayatollah, ouvre véritablement l'ère de Khomeini, mais signe surtout un tournant dans les relations internationales entre les États-Unis et l'Iran, qui étaient jusqu'alors un précieux allié de l'Occident.

Ruhollah Musavi Khomeini montre ensuite sa volonté d'étendre les principes de la révolution islamique à l'ensemble du monde chiite. Ce projet faisant craindre à Saddam Hussein une révolte chiite en Irak, ce dernier décide d'envahir l'Iran en 1980.

Après une première campagne triomphale de l'armée irakienne, Ruhollah Musavi Khomeini réussit à remobiliser ses troupes et à stopper l'invasion. Cette agression permet, en effet, à l'ayatollah de faire taire l'opposition en la détournant vers l'ennemi et de mobiliser ses troupes en ravivant un sentiment nationaliste perse.

Convaincu que cette guerre contre l'ennemi arabe est un don de Dieu, il refuse toutes propositions de cessez-le-feu, attitude qui transformera peu à peu l'image de victime de l'Iran en celle d'envahisseur. Après huit années de guerre et une intervention militaire des États-Unis plus directe, l'ayatollah se résout à accepter la résolution de l'ONU visant l'arrêt de la guerre, sous peine de voir se désintégrer son régime islamique.

Ruhollah Musavi Khomeini meurt en juin 1989, laissant derrière lui un pays inviolé, mais économiquement dévasté.

SADDAM HUSSEIN, PRÉSIDENT DE L'IRAK

Saddam Hussein naît à Auja en Irak le 28 avril 1937. En 1955, il se rend à Bagdad pour parfaire son éducation et y intègre le Parti Baas qui vise l'unité de la nation arabe par-delà les frontières. Suite à son implication dans la tentative d'assassinat du Premier ministre Abdul Karim Qasim (1914-1963) en 1959, Saddam Hussein se réfugie en Syrie, puis en Égypte. Lorsque le Parti Baas prend le pouvoir en 1963, il décide de rentrer en Irak. Toutefois, après quelques mois, le parti de Saddam Hussein est évincé par le général Abdel Salam Aref (1921-1966). Il est alors envoyé en prison, mais s'enfuira quelques années plus tard. Il prend ensuite part à la révolution victorieuse du 17 juillet 1968. Son influence au sein du parti devient alors de plus en plus incontournable. Si bien qu'en 1979, au 11e anniversaire de la révolution, Saddam Hussein prend le pouvoir suprême et devient président. Dans la foulée, il décide, dès l'année suivante, de déclarer la guerre à l'Iran dont il craint que la révolution islamique s'étende aux chiites irakiens.

Après une campagne rapide et victorieuse, il annonce l'annexion du Khuzestan, région iranienne à minorité arabe et dont les sols sont riches en pétrole. Toutefois, le sursaut nationaliste des Iraniens permet de stopper les incursions irakiennes et provoque l'enlisement du conflit. Les bombardements des intérêts pétroliers par l'Iran et la prolongation des combats forcent l'Irak à solliciter l'aide de puissances alliées. En se posant en défenseur des Arabes, Saddam Hussein s'assure le soutien des autres puissances du Golfe. En outre, son regard se pose également vers l'Occident et l'URSS. En proposant des pourparlers de paix à chaque fois rejetés par l'Iran, Saddam Hussein transforme son image d'agresseur en victime. Ce renversement permet alors aux puissances étrangères de soutenir leur appui à l'Irak auprès de leur opinion publique, et ce jusqu'aux révélations de son recours soutenu à l'arme chimique – arme qu'il utilisera également contre sa propre population.

Deux ans après la fin de la guerre, en 1990, Saddam Hussein, désireux de redresser l'économie de son pays, tente d'envahir le Koweït et de mettre la main sur son pétrole. Toutefois, suite à cette invasion, les États-Unis de Georges Herbert Walker Bush (né en 1924) prennent la tête d'une coalition internationale et décident d'une intervention militaire, en janvier 1991, contre l'Irak. La tentative de Saddam Hussein tourne alors au fiasco et a pour conséquence de mettre l'Irak au ban de la communauté internationale.

Suite aux attentats du 11 septembre 2001 et à la guerre contre le terrorisme menée par les États-Unis, ces derniers décident de renverser Saddam Hussein, sous prétexte de la présence d'armes de destruction massive sur son territoire. Cette guerre, menée par Georges Walker Bush junior (né en 1946), aboutira à la destruction du régime de Saddam Hussein et à l'exécution de ce dernier le 30 décembre 2006.

ANALYSE DE LA GUERRE

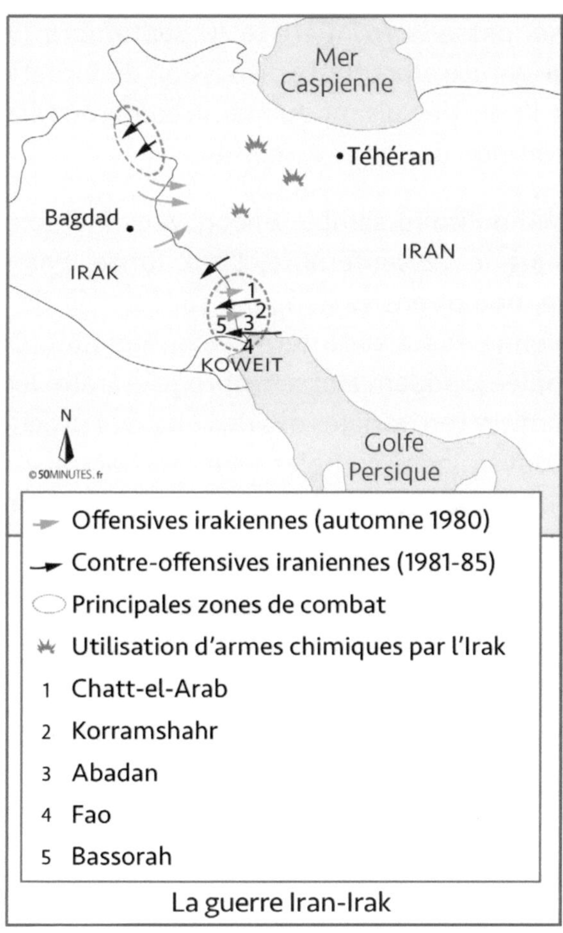

La guerre Iran-Irak

Après des jours de provocations et de confrontations entre l'Iran et l'Irak autour du tracé de leur frontière commune, Saddam Hussein, qui table sur un affaiblissement militaire de son ennemi perse, passe la frontière le 10 septembre 1980. L'Iran refuse alors toute discussion diplomatique avec l'Irak, détruisant du même coup tout espoir de solution pacifique au conflit.

L'issue militaire semble encore plus inéluctable lorsque le 22 septembre, l'Irak lance, par surprise, une offensive aérienne sur l'armée de l'air iranienne et sur ses intérêts économiques. Dans la foulée, Saddam Hussein abroge le traité fixant les limites territoriales des deux pays et proclame sa souveraineté complète sur le Chatt al Arab. Les deux nations s'engagent alors dans un conflit que l'on peut diviser en huit phases distinctes.

PHASE 1 : UNE GUERRE ÉCLAIR (SEPTEMBRE 1980-HIVER 1981)

Au moment de rentrer en guerre, Saddam Hussein est persuadé de sa large supériorité militaire, ce qui l'amène à penser que la guerre sera rapide et limitée. L'Irak est en effet doté du meilleur équipement militaire occidental et soviétique et dispose de près de 190 000 hommes bien entraînés. En outre, il compte sur les purges opérées par Ruhollah Mousavi Khomeini au sein de son armée, lui qui voulait faire table rase du régime du *chah*. Toutefois, en procédant de la sorte, ce dernier décapite du même coup l'ensemble de sa force armée et réduit considérablement sa capacité de réaction. Ainsi, les premiers mois de guerre donneront raison à l'optimisme de Saddam Hussein : l'Irak envahit l'Iran sans difficulté majeure. Mais le 28 septembre, l'ONU exige la cessation des combats, ce à quoi l'Irak répond qu'il s'arrêtera si l'Iran reconnaît sa domination sur le Chatt al-Arab. Toutefois l'Iran refuse et bombarde les intérêts économiques de l'Irak. À la mi-novembre, l'Irak prend la ville stratégique de Khorramshahr (ville portuaire iranienne) et assiège Abadan. Avant la trêve hivernale, elle occupe alors 25 900 km^2 du sud et du centre de l'Iran.

PHASE 2 : L'IMPASSE
(AVRIL 1981-MARS 1982)

L'attaque de l'Irak n'a pas eu l'effet escompté par Saddam Hussein, qui espérait déstabiliser le pouvoir iranien. L'offensive galvanise au contraire la population iranienne, qui, exaltée par les discours nationalistes de Ruhollah Mousavi Khomeini, s'engage massivement dans le conflit. Saddam Hussein doit alors revoir ses prévisions de succès rapide. Entre décembre 1980 et décembre 1981, les positions n'évoluent pas et les Irakiens sont même contraints de lever le siège d'Abadan.

PHASE 3 : RIPOSTE ET ENTÊTEMENT
(MARS 1982-JUIN 1982)

Après avoir cassé le siège d'Abadan, l'Iran met en déroute l'armée irakienne et reprend, à partir de mars 1982, la plupart des territoires perdus au centre du pays. Le 24 mai, la ville stratégique de Khorramshahr retombe entre les mains iraniennes. Suite à ces échecs successifs, aux milliers de prisonniers faits par l'ennemi et à l'effet dévastateur de ces événements sur le moral des troupes, l'Irak annonce un cessez-le-feu le 9 juin. Toutefois, Téhéran refuse et décide de marcher sur Bagdad. Cet entêtement de l'Iran restaure l'image de Saddam Hussein qui apparaît de plus en plus comme l'agressé. Cette réhabilitation au sein de la communauté internationale et la progression de l'armée iranienne favorise alors l'accentuation du soutien logistique et militaire des pays occidentaux à l'Irak.

PHASE 4 :
ÉCHEC DE L'OPÉRATION RAMADAN (JUILLET 1982-MARS 1984)

De son côté, Ruhollah Mousavi Khomeini table sur une défaite totale du régime de Saddam Hussein. L'Iran lance ainsi une opération titanesque visant à défaire l'armée du président irakien et à rentrer au cœur de l'Irak. L'objectif est de prendre possession de la ville de Bassorah (deuxième ville du pays) ainsi que de la péninsule de Fao, porte d'entrée du très stratégique Chatt al-Arab. Cette mission, appelée opération « Ramadan » voit donc déferler dès le mois de juillet 1982 près de 180 000 Iraniens sur le territoire irakien faisant de ces combats la plus importante offensive terrestre depuis la Seconde Guerre mondiale (1939-1945).

Malgré les moyens engagés, l'opération est un échec. Le manque de logistique iranienne et la supériorité de l'équipement irakien permettent à Saddam Hussein de stopper les Iraniens avant Bassorah. Ainsi, Ruhollah Mousavi Khomeini ne réussit à conquérir que 81 km^2 au prix de milliers de vies humaines. Dans les mois qui suivent, ce dernier tente à plusieurs reprises d'atteindre l'axe stratégique Bagdad-Bassorah sans jamais y parvenir pleinement.

Néanmoins, l'Iran fait appel à sa très nombreuse infanterie lors de l'offensive des marais d'Hawizeh. Une fois encore, l'armée de la République islamique essuie de très lourdes pertes, mais parvient néanmoins à mettre la main sur les îles de Majnoon et leur pétrole.

PHASE 5 : LES PÉTROLIERS EN LIGNE DE MIRE (AVRIL 1984-JANVIER 1986)

Suite aux échecs de l'infanterie iranienne, les lignes de front se stabilisent. Parallèlement à ce nouvel enlisement, les deux belligérants intensifient leurs attaques d'intérêt économique. Aidés par des missiles français, les Irakiens reprennent les bombardements des pétroliers iraniens et les raids contre le terminal pétrolier du Kharg, le plus gros exportateur de pétrole de la République islamique. Ce à quoi l'Iran répond par des frappes contre des bateaux desservant les ports koweïtiens et saoudiens, alors alliés à l'Irak.

PHASE 6 : L'OCCIDENT À LA RESCOUSSE DE L'IRAK (FÉVRIER 1986-JANVIER 1988)

Dès février 1986, l'armée iranienne reprend ses attaques terrestres et brise le statu quo. Elle prend la péninsule de Fao, puis, à l'aide des Kurdes irakiens, envahit une partie du Kurdistan irakien. Les offensives iraniennes continuent alors sur leur lancée et, en janvier 1987, prennent le contrôle de la région de Bassorah.

Saddam Hussein réagit en intensifiant l'usage de son aviation. Alors qu'elle comptabilise 20 011 missions sur l'ensemble de l'année 1985, l'armée de l'air irakienne enregistre près de 18 648 vols entre le 9 février et le 25 mars 1986.

Toutefois, malgré cet effort, la tentative de reconquête par l'Irak se solde par un échec.

Pendant ce temps, les attaques iraniennes contre les pétroliers des alliés de l'Irak provoquent la demande de soutien du Koweït auprès des grandes puissances. Les États-Unis, qui refusent dans un premier temps, accèdent cependant à cette requête lorsque le Koweït fait mine de se tourner vers l'Union soviétique.

Dans la foulée, l'ONU vote, le 20 juillet 1987, un nouveau cessez-le-feu. Mais, une fois encore, le traité est refusé par l'Iran, qui poursuit ses attaques maritimes dans le Golfe contre les navires koweïtiens et américains.

Quatre jours plus tard, un supertanker koweïtien escorté par les États-Unis coule à cause d'une mine attribuée à l'Iran. S'ensuit alors un déploiement de 60 vaisseaux américains, anglais et français dans la région.

En octobre 1987, la marine des États-Unis fait couler trois pétroliers iraniens sous prétexte que ces derniers ont tiré sur un de leurs hélicoptères de patrouille. Ils détruisent également une plate-forme pétrolière en réponse au missile lancé par l'Iran contre un supertanker.

PHASE 7 : LE RECOURS AUX ARMES CHIMIQUES (FÉVRIER-JUIN 1988)

Bénéficiant d'un appui toujours plus massif des puissances étrangères, l'Irak entame la reprise de ses territoires perdus. Entre le 16 et le 18 avril 1988, l'Irak reconquiert la péninsule de Fao grâce à une utilisation de plus en plus systématique des armes chimiques, et ce en dépit du droit international. Du 23 au 25 mai, l'Irak utilise à nouveau massivement ce type d'armement pour reconquérir des terres situées au nord, au centre et au sud. En juin de la même année, elle reprend l'île de Manjoon, en ayant, une fois de plus, recours à des gaz toxiques.

En outre, grâce aux nouveaux missiles longue distance livrés par ses alliés, Saddam Hussein est désormais capable de toucher directement Téhéran et donc de démoraliser sa population civile.

PHASE 8 : FIN DES COMBATS (ÉTÉ 1988)

Le 3 juillet 1988, le croiseur américain *USS Vincennes* abat par erreur un avion civil iranien qui avait à son bord 290 personnes. Suite à cet accident, les Iraniens, à bout de souffle, sont désormais persuadés de la collaboration indéfectible des Occidentaux au camp irakien. Ainsi, devant les récents échecs militaires majeurs et la présence occidentale dans le Golfe, Ruhollah Musavi Khomeini accepte finalement la proposition de paix de l'ONU. Le cessez-le-feu prend effet le 8 août 1988 et les combats cessent 12 jours plus tard.

UNE GUERRE TRÈS POLÉMIQUE

Cachez ces armes chimiques que je ne saurais voir

L'un des plus gros scandales liés à cette guerre est celui du recours à l'arme chimique par Saddam Hussein, appuyé par les États-Unis. Dès 1983, l'Irak viole le protocole de Genève de 1925 – qui prévoyait l'interdiction du recours à de telles armes – en utilisant du gaz sarin ou encore du gaz moutarde sur les soldats iraniens, mais également sur les populations kurdes du Nord de l'Irak, alors alliées à l'Iran. Sous la pression des États-Unis, dont on sait désormais qu'ils ont joué un rôle direct dans les attaques chimiques des troupes iraniennes, la communauté internationale s'abstient de réagir trop durement dans un premier temps. Toutefois, les images terrifiantes du gazage des Kurdes de Halabja choquent le monde entier et la posture de déni des gouvernements n'est désormais plus tenable. Le 25 mai 1987, l'usage d'armes chimiques est condamné par la Communauté européenne et par l'ONU, le 9 mai 1988.

Le rôle trouble de l'administration américaine

Sous le régime du *chah*, les Américains avaient fait de l'Iran leur allié indéfectible dans le Golfe. Or, les États-Unis, qui croyaient que la révolution islamique serait un bon rempart contre la subversion communiste, espéraient pouvoir renouveler ce partenariat après la prise de pouvoir de Ruhollah Musavi Khomeini. Toutefois, la prise d'otage des diplomates américains par les étudiants iraniens les pousse à revoir leur position. Lorsque la guerre éclate, les États-Unis décident alors d'aider Saddam Hussein dans sa tentative de défaire l'ayatollah. Or, cette aide américaine sera entachée de très nombreuses polémiques.

Le premier scandale qui éclate est celui de l'*Iran-gate* qui éclabousse directement le président Ronald Wilson Reagan (1911-2004). La presse de l'époque révèle en effet qu'alors qu'elle aide publiquement l'Irak de Saddam Hussein, l'administration américaine vend, dans l'ombre, des armes aux troupes de Ruhollah Musavi Khomeini. Cette affaire fait alors grand bruit, et Washington ne saura empêcher une perte majeure de crédibilité.

Le jeu trouble joué par l'Amérique pendant cette guerre ne s'arrête cependant pas là. Un deuxième scandale éclate à propos de manipulations réalisées par les États-Unis dans l'affaire de la frégate *USS Stark*, touchée par des tirs irakiens. Suite à cette erreur, Washington organise une vaste campagne de désinformation ayant pour but d'accuser l'Iran. Cette opération provoque l'entrée concrète dans le conflit des Américains qui détiennent désormais un prétexte pour riposter contre les intérêts pétroliers de l'Iran.

Mais le scandale le plus grave touchant la Maison-Blanche est très certainement leur implication dans l'usage d'armes chimiques par Saddam Hussein contre les troupes iraniennes. En effet, devant les horreurs provoquées par ces armes, les États-Unis ont toujours nié toute implication de près ou de loin dans l'usage de tels gaz. Pourtant, il est désormais certain qu'ils avaient connaissance de l'action de Saddam Hussein, mais pire encore, qu'ils ont aidé à améliorer l'efficacité de ces attaques en renseignant au mieux l'armée irakienne sur la position de ses cibles.

Enfin, le dernier scandale à éclabousser l'intervention américaine est celui de l'*USS Vincennes* du 3 juillet 1988. Prenant un avion de ligne iranien pour une unité de l'armée de l'air, un navire américain, l'*USS Vincennes*, l'abat en plein vol, faisant 290 victimes civiles iraniennes. Une fois de plus, les États-Unis tentent de masquer l'affaire en prétextant qu'il s'agissait d'un avion kamikaze. Cette campagne de désinformation se solde encore une fois par un échec. Cependant, sentant de plus en plus la pression américaine sur ses troupes, l'Iran, acculé, décide de se résigner et de signer le cessez-le-feu proposé par l'ONU.

Saddam Hussein,
un ami qui embarrassera la France

Dans un souci de faire éclore son industrie après la Seconde Guerre mondiale, le président français Charles de Gaulle (1890-1970) prend soin de ménager ses alliés arabes en critiquant par exemple les attaques menées par Israël contre l'Égypte en juin 1967 lors de la guerre des Six Jours (5-10 juin 1967). La France devient alors rapidement le troisième fournisseur de l'Irak grâce au rôle actif de Saddam Hussein, véritable artisan de l'entente franco-irakienne. En 1974, Paris décroche de très nombreux contrats avec Bagdad, fixant ainsi pour de bon la coopération économique et militaire entre les deux pays. C'est dans ce cadre que des négociations s'ouvrent pour la vente de deux réacteurs nucléaires civils à Saddam Hussein. Cette transaction suscite toutefois un vif émoi, car nombreux sont ceux qui pensent que l'Irak cherche avant tout à se procurer l'arme atomique. Ce risque est d'ailleurs pris très au sérieux par Israël qui procède au bombardement de ces installations quelques mois plus tard.

Par la suite, au début de la guerre Iran-Irak, la France, qui voit en l'Iran un grand péril, intensifie ses livraisons d'armes à l'Irak. Cependant, cette coopération avec le régime de Saddam Hussein lui vaut d'être la cible d'une vague d'attentats auxquels sont associés les services secrets iraniens. Outre ces agressions, la collaboration étroite avec l'Irak devient rapidement inconfortable pour le gouvernement français, qui aura de plus en plus de difficultés à justifier cette relation privilégiée à mesure des révélations sur les massacres à l'arme chimique perpétrés par Saddam Hussein.

Issues des combats : tout ça pour ça

Après huit années de conflit sanglant, la guerre se solde par un invraisemblable statu quo. Il n'y a ni vainqueur ni vaincu. Les deux pays reprennent les mêmes frontières que celles de 1975 tandis que Ruhollah Mousavi Khomeini doit reconnaître l'échec de l'exportation de sa révolution islamique en Irak. Toutefois, dans cette issue qui n'arrange finalement personne, ce sont les populations qui auront le plus souffert. Cette guerre est en effet la plus dévastatrice et l'une des plus meurtrières du XX$^\mathrm{e}$ siècle.

Au niveau des pertes humaines :

- en Iran, il y aurait eu, selon le bilan officiel, 194 931 morts, dont 183 931 militaires et 11 000 civils. Toutefois, les estimations tablent plus souvent pour une fourchette allant de 220 000 à 400 000 morts ;
- en Irak, selon les estimations, les pertes s'élèvent entre 200 000 et 500 000 hommes.

Au niveau économique, la guerre aurait coûté :

- en Iran, entre 74 et 91 milliards de dollars ainsi que 11,26 milliards de dollars d'importations militaires, selon les estimations ;
- en Irak, entre 94 et 112 milliards de dollars ainsi que 41,94 milliards de dollars d'importations militaires, selon les estimations.

RÉPERCUSSIONS DE LA GUERRE

Au soir du 20 août 1988, remarquant que les deux pays sont revenus à leurs frontières d'avant-guerre, mais surtout qu'aucun des sujets de tension n'a été résolu, le sentiment général est celui d'un immense gâchis. Le conflit a été le lieu d'un incroyable gaspillage de vies humaines et de moyens matériels pour finalement aboutir à un statu quo. Pourtant, le recul historique nous permet aujourd'hui d'observer que ces huit années de conflit n'ont pas été sans conséquence.

DEUX RÉGIMES CONSOLIDÉS

La sauvegarde de la République islamique

Contre toute attente, la guerre n'a, dans un premier temps, mis à mal aucun des deux régimes belligérants. Paradoxalement, la dureté et la longévité des combats ont permis à Ruhollah Mousavi Khomeini de consolider sa révolution islamique. Alors qu'elle était encore balbutiante et en proie à de nombreuses querelles intestines en 1980, la république instaurée par l'ayatollah a su fédérer un peuple iranien faisant bloc autour de son guide suprême et de son armée face à l'ennemi héréditaire : les Arabes sunnites. En outre, cette guerre a permis de masquer les nombreux problèmes de gestion économique du gouvernement islamique.

Un pouvoir de plus en plus dictatorial

De son côté, avec une armée qui comptabilise un million d'hommes et un stock important d'armes modernes fournies par l'Union soviétique et l'Occident, l'Irak compte désormais parmi les grandes puissances de la région. En outre, cette guerre permet à Saddam Hussein de renforcer considérablement son pouvoir personnel. Versant de plus en plus vers le despotisme, le président profite du conflit pour procéder à l'élimination de tous les foyers d'opposition. Il procède ainsi au massacre des chiites du Sud irakien favorables à la République islamique, mais également à l'élimination de la rébellion kurde du nord combattant aux côtés de l'Iran.

Cette politique de suppression radicale de l'op-position conduit Saddam Hussein, le dimanche 16 mars 1988, à procéder au gazage de la population kurde de Halabja, en violation complète de toutes les conventions internationales sur l'usage des armes chimiques.

LE TEMPS DES REMISES EN QUESTION

Une mort quelque peu libératrice

Toutefois, cette consolidation des deux régimes ne dure qu'un temps. Les mois passant, les plaies de la guerre commencent à se rouvrir. En Iran, l'image de Ruhollah Mousavi Khomeini – et donc du pouvoir islamique – est égratignée lorsque ce dernier ordonne l'élimination massive des prisonniers de guerre. En quelques mois, le pouvoir procède à l'exécution de plus de 30 000 prisonniers. Ce bain de sang ne laisse pas insensible. Le successeur présumé de Ruhollah Mousavi Khomeini, l'ayatollah Hossein Ali Montazeri (1922-2009), au risque de représailles virulentes, commence, lui-même, à protester contre ce massacre. Il sera écarté du pouvoir suite à ses critiques.

En outre, la mort de Ruhollah Mousavi Khomeini, le 3 juin 1989, bien que pleurée par des millions de partisans, permet une certaine remise en question de l'exercice du pouvoir par l'ayatollah. Il ne s'agit toutefois pas d'une fronde massive à l'encontre du guide suprême défunt, loin de là. Néanmoins, après sa disparition, certains commencent à témoigner de leur désaccord avec sa politique d'entêtement pendant la guerre, de même que son manque de vision quant à la gestion pratique des affaires internes. D'autres, quant à eux, espèrent un régime plus modéré de la part de son successeur Hossein Ali Khamenei (né en 1939).

La provocation de trop

Lorsqu'en 1988 les combats prennent fin, l'Irak est économiquement dévasté. Devant faire face à ses créances, Saddam Hussein demande au Koweït d'annuler sa dette qui s'élève à plusieurs milliards de dollars. Devant le refus catégorique de ce dernier, Saddam Hussein tente alors un coup de poker : envahir son riche voisin et mettre la main sur ses nombreuses ressources pétrolières, le tout, au nez et à la barbe de la communauté internationale, particulièrement accommodante à son égard jusque-là.

Toutefois, suite à cette invasion, la communauté internationale, auprès de qui l'Irak est également massivement endetté, ne reste pas inactive et vote l'instauration de sanctions économiques drastiques pour tenter de ramener Saddam Hussein à la raison. Cependant, ce blocus de nature à renforcer la détresse financière de l'Irak n'a pas l'effet escompté. Radicalisé, Saddam Hussein refuse l'ultimatum et poursuit son invasion.

Le 17 janvier 1991, décidés à réagir, les États-Unis de Georges Herbert Walker Bush prennent la tête d'une coalition de 34 pays et attaquent les forces irakiennes. Face à la puissance de feu internationale, la tentative de Saddam Hussein tourne au fiasco. En quelques jours, son armée est balayée et doit se retirer du Koweït. Les conséquences pour lui seront dramatiques. L'opération provoque un désaveu complet de l'Irak par la communauté internationale tandis que les sanctions économiques instaurées par cette dernière entraînent une chute catastrophique des conditions de vie des Irakiens. Saddam Hussein, passé de despote éclairé à tyran sanguinaire aux yeux du monde, finira par être renversé et exécuté le 30 décembre 2006 suite à l'attaque de l'Irak par les États-Unis de Georges Walker Bush junior et ses alliés.

EN RÉSUMÉ

1979

1er avril : Proclamation de la république islamique d'Iran

1980

22 sept. : Début de l'offensive irakienne

1982

9 juin : Refus d'un cessez-le-feu par l'Iran

Juill. : Lancement de l'opération « Ramadan » par l'Iran

1987

Janv. : L'Iran contrôle la région de Bassorah, en Irak

20 juill. : Nouveau refus de cessez-le-feu par l'Iran

1988

8 août : Cessez-le-feu

20 août : Fin de la guerre Iran-Irak

- Saddam Hussein souhaite faire de sa république d'Irak une puissance incontournable de cette région du globe.
- L'ayatollah Ruhollah Mousavi Khomeini projette d'exporter sa révolution islamique au-delà des frontières iraniennes et de l'étendre aux Irakiens.
- Au cours de l'année 1980, les deux camps se prêtent à de multiples provocations autour de leur zone frontalière du fleuve Chatt al-Arab violant ainsi le traité territorial signé à Alger en 1975.
- Le 22 septembre 1980, Saddam Hussein lance l'ensemble de ses forces sur l'Iran.
- L'offensive irakienne galvanise les Iraniens qui se rassemblent autour de Ruhollah Mousavi Khomeini et les pousse à s'engager massivement dans le conflit.
- Contrairement aux prévisions irakiennes, le conflit s'enlise rapidement.
- Suite aux refus successifs des pourparlers de paix par l'Iran, l'Occident offre un soutien de plus en plus marqué à l'Irak.
- À partir du début de l'année 1988, en dépit du droit international, Saddam Hussein intensifie le recours aux armes chimiques pour reconquérir les territoires pris par l'Iran.

- Le 20 juillet 1988, à bout de souffle et désormais convaincu du soutien indéfectible des États-Unis à l'Irak, l'Iran accepte finalement la proposition de paix de l'ONU.
- Cette guerre de près de huit ans n'aboutit, en fin de compte, qu'à un dérisoire statu quo territorial.
- Le bilan humain et économique est effroyable et en fait un des conflits les plus dévastateurs depuis la Seconde Guerre mondiale.
- Malgré cet immense gâchis, cette guerre permet à Saddam Hussein et à Ruhollah Mousavi Khomeini de faire taire les oppositions internes et de consolider leur régime respectif.
- L'horreur provoquée par l'utilisation des armes chimiques sur les populations (notamment sur les Kurdes à Halabja) pousse les Occidentaux à se désolidariser définitivement de Saddam Hussein qui sera exécuté en 2006 suite à l'attaque de l'Irak par les États-Unis.

POUR ALLER PLUS LOIN

SOURCES BIBLIOGRAPHIQUES

- BALTA (Paul), *Iran-Irak. Une guerre de 5 000 ans*, Paris, Anthropos, 1999.

- GARDNER (Anthony J.) *The Iraq-Iran War : A Bibliography*, Londres, Mansell, 1988.

- CORDESMAN (Anthony H.), *The Gulf and the West : Strategic Relations and Military Realities*, Londres, Mansell, 1988.

- FISK (Robert), *La grande guerre pour la civilisation. L'Occident à la conquête du Moyen-Orient (1979-2005)*, Paris, La Découverte, 2005.

- HIRO (Dilip), *Dictionary of the Middle East*, Londres, Macmillian, 1996.

- HIRO (Dilip), *The Longest War. The Iran-Iraq Military Conflict*, Londres, Grafton, 1989.

- HOURCADE (Bernard), *Géopolitique de l'Iran*, Paris, Armand Colin, 2010.

- TAHIR-KHELI (Shirin) et AYUBI (Shaheen), *The Iran-Iraq War, New Weapons, Old Conflicts*, New York, Praeger Publishers, 1983.

- TAMERI (Amir) et WAJSMAN (Patrick), *Irak. Le dessous des cartes*, Bruxelles, Complexe, 2002.

SOURCES COMPLÉMENTAIRES

- MENASHRI (David), *Iran : A Decade of War and Revolution*, New York, Holmes & Meier, 1990.

- MILLER (Judith) and MYLROIE (Laurie), *Saddam Hussein and the Crisis in the Gulf*, New York, Random House, 1990.

- SAINT-PROT (Charles), *La guerre du Golfe. Pourquoi la France aide l'Irak ?*, in *Proche-Orient et Tiers Monde,* n°8, septembre 1983.

- SAINT-PROT (Charles), *Saddam Hussein : un « gaullisme » arabe ?*, Paris, Albin Michel, 1987.

- STERN (Brigitte), *Les aspects juridiques de la crise et de la guerre du golfe. Aspects de droit international public et de droit international privé*, Paris, Montcherstien, 1991.

- TRAB ZEMZEMI (Abdel-Majid), *La guerre Irak-Iran. Islam et nationalismes*, Paris, Éditions albatros, 1985.

LITTÉRATURE

- HILLAWI (Janane Jassim), *Pays de nuit*, Paris, Actes Sud, 2005.

- SATRAPI (Marjane), *Persepolis* (bande dessinée), Paris, L'Association, 2000.

- POWERS (Kevin), *The Yellow Birds*, New York, Little, Brown and Company, 2012.

FILMS ET DOCUMENTAIRE

- *Iran-Irak : la guerre totale*, documentaire de Gilles Du Jonchay, France, 1988.

- *Bashu, le petit étranger*, film de Bahram Bezai, avec Susan Taslimi, Parviz Pourhosseini et Adnan Afravian, Iran, 1989.

- *L'Éclaireur*, film d'Ebrahim Hatamikia, avec Grégoire Colin, Romane Bohringer et Jackie Berroyer, Iran, 1994.

- *Gilane*, film de Rakhshan Bani Etemad et Mohsen Abdel Wahab, avec Madjid Bahrami, Shahrokh Foroutanian et Baran Kofari, Iran, 2005.

MUSÉES ET MONUMENTS COMMÉMORATIFS

- Le cimetière des Martyres de la Défense Sacréesacrée, à Howeyzeh (Iran).

- Le mausolée de l'Ayatollah l'ayatollah Ruhallah Mousavi Khomeini à Téhéran (Iran).

- Le mémorial d'Halabja commémorant le massacre à l'arme chimique des Kurdes Kurdes d'Halabja (Kurdistan).

- Le mémorial de la paix de Téhéran dédié aux victimes des armes chimiques de la ville de Sardasht (Iran).

- Le monument Al-Shaheed de Bagdad dédié aux soldats Irakiens morts lors de la guerre (Irak).

- Le musée de la Défense Sacrée sacrée à Khorramshahr (Iran).

- Les Mains de la victoire de Bagdad commémorant la prétendue victoire de l'Irak lors de la guerre (Irak).

ISBN ebook : 978-2-8062-5419-1
ISBN papier : 978-2-8062-5600-3
Dépôt légal : D/2014/12603/24
Photo de couverture : *Les marines américains en
combinaison NBC (nucléaire, biologique, chimique)
et en entraînement avec le système de lancement
de missiles Javelin au cours de l'opération Enduring
Freedom en Afghanistan (2001)* MC Images /© Alamy
Banque D'Images

Conception numérique : Primento,
le partenaire numérique des éditeurs